KREATIVER MALSPASS IM TIERREICH

Entdecke die Welt der Tiere und erschaffe einzigartige Kunstwerke ganz nach deinen Vorstellungen.

Mit der Schablone kannst du 17 verschiedene Motive auf die Hintergründe malen. Manche Motive lassen sich auch mehrfach verwenden: Aus einem einfachen Kreis wird schnell ein Ball. Wenn du ein paar Strahlen dazu malst, hast du im Handumdrehen aber auch eine Sonne gezeichnet.

TIPP: Drehe die Schablone um, um die Motive auch gespiegelt zu zeichnen.

Deiner Fantasie sind keine Grenzen gesetzt!

AUF GEHT'S:

1. Schablone herausnehmen,
2. Motiv auswählen,
3. Stift in die Hand nehmen,
4. passende Seite aufschlagen und loslegen!

Das Eichhörnchen sammelt Nüsse für den Winter. Wusstest du, dass es auch gerne Pilze frisst? Zeichne sie mit der Schablone ein.

Fülle den Bach für den Waschbär mit Fischen. Male auch den Hintergrund dazu. Benutze dafür die Schablone.

Der Igel ist auf seinem Spaziergang nicht allein. Zeichne mit oder ohne die Schablone, wer ihn begleitet.

Was sieht der Maulwurf am Himmel?
Zeichne es ein!

Die nachtaktive Eule schläft am Tag. Den Kreis auf der Schablone kannst du benutzen, um eine runde Sonne zu zeichnen.

Wen oder was entdeckt der schlaue Fuchs am Boden?
Zeichne es ein.

Über den Baumkronen hast du den perfekten Blick in den Sternenhimmel. Zeichne die Sterne mit der Schablone ein.

Wenn du möchtest, zeichne
noch weitere Vögel und
Wolken dazu.

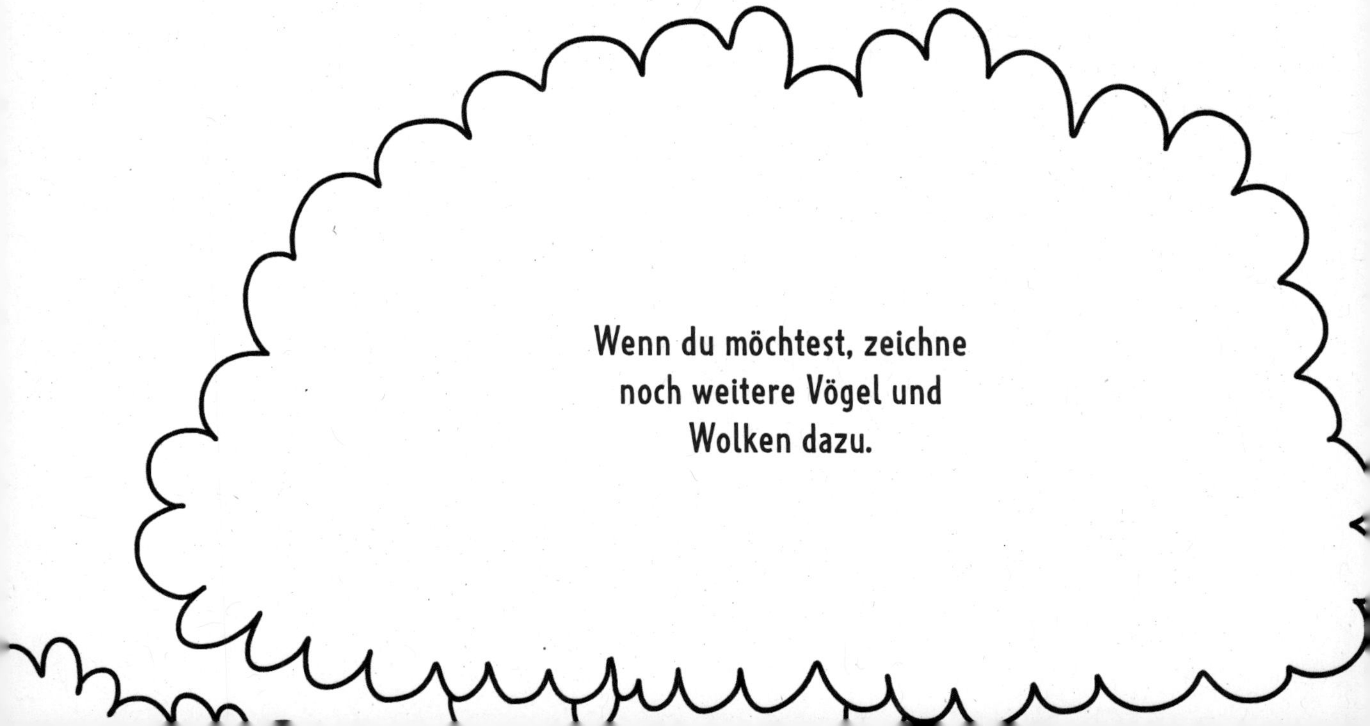

Wie viele Eier liegen im Nest? Überleg dir eine Zahl
und zeichne die Eier mit der Schablone ein.

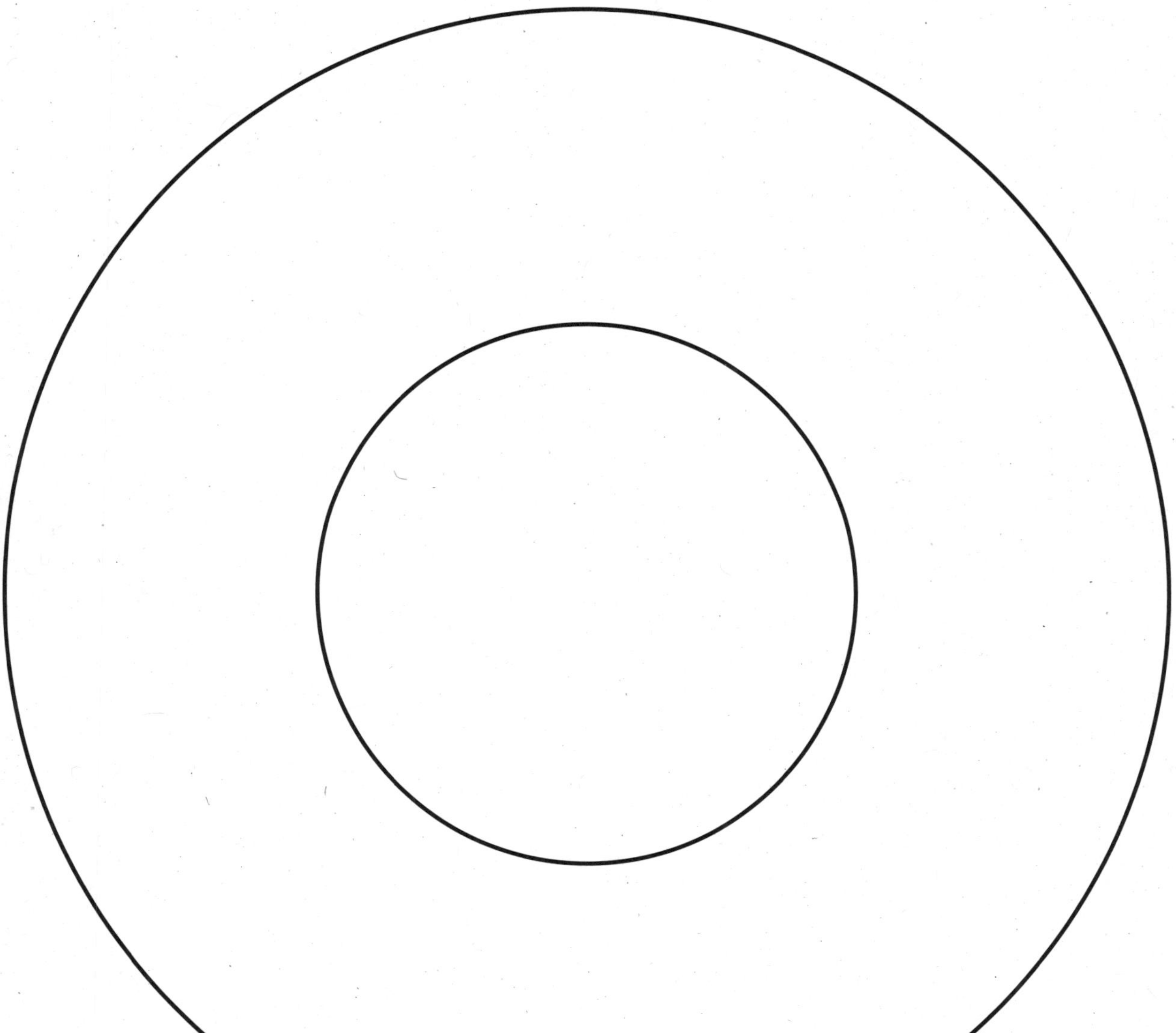

Zeichne Bilder und Muster in die Kreise und gestalte so dein eigenes Mandala. Du kannst dafür auch die Schablone benutzen.

Wer oder was hat sich in der Baumkrone versteckt? Zeichne es ein.

Den Kreis auf der Schablone kannst du benutzen, um einen Kugelfisch zu zeichnen. Male auch noch weitere Unterwassertiere dazu.

Stell dir vor, du sitzt im Bauch eines Schiffs.
Was kannst du durch das Bullauge entdecken?
Zeichne es ein.

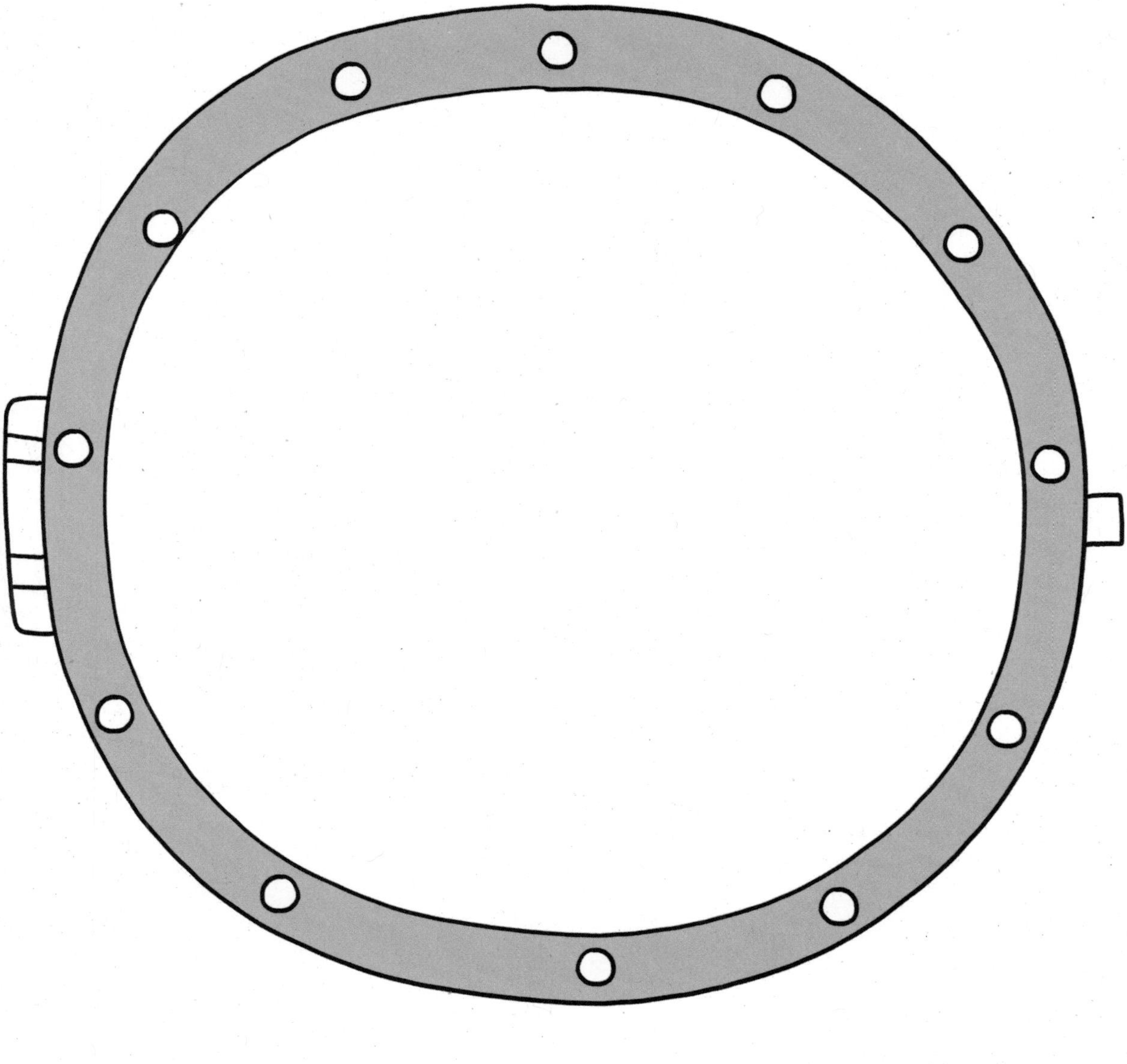

Die Pinguine freuen sich über den Schnee.
Zeichne Eisschollen für sie ins Wasser.

Der Eisbär ist hungrig. Zeichne ein paar Fische ins Meer,
die er fangen kann.

Was kannst du am Strand alles entdecken?
Zeichne es mit oder ohne Schablone ein.

Unter Wasser ist viel los! Zeichne mit deiner Schablone Fische, Seesterne und Muscheln ins Bild.

Zeichne mit der Schablone Bilder auf die Postkarte und schneide sie dann aus. Du kannst sie an Freunde oder Freundinnen verschicken!

Das kleine Fohlen liebt Möhren. Zeichne sein Lieblingsessen mit der Schablone ein.

Die Schweinchen suhlen sich im Matsch.
Zeichne mit der Schablone dicke Spritzer ein.

Welches Tier hat hier seine
Spuren hinterlassen?
Führe den Weg fort.

Schafe und Ziegen grasen zusammen.
Benutze die Wolkenform, um weitere Schafe zu zeichnen.
Du musst dazu nur einen Kopf und vier Beine ergänzen.

Die Maus möchte nicht nass werden und sucht Schutz unter einem Blatt. Zeichne die Regentropfen ein, die vom Himmel fallen.

Wovon träumt der Hund? Zeichne es ein.

Die Meerschweinchen genießen ihr Futter. Was fressen sie?
Möhren oder doch Salatblätter? Zeichne es ein.

Die Katzen spielen gerne mit Wollknäueln. Zeichne mit der Schablone weitere Kätzchen und Knäuel dazu.

Stell dir vor, du schaust aus dem Fenster in den Garten.
Was kannst du dort sehen? Zeichne es ein.

Der kleine Hund freut sich.
Was hat er hier zum Spielen gefunden? Zeichne es ein,

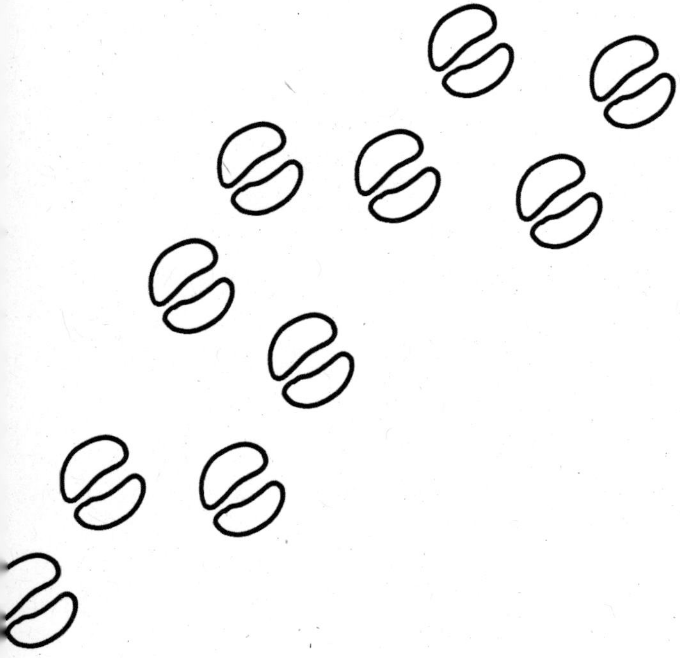

Welches Tier hat hier seine Spuren hinterlassen?
Führe den Weg fort.

Such dir deine liebsten Motive auf der Schablone aus und zeichne mit ihnen ein schönes Bild in den Rahmen.

Die große Schnecke wartet auf die kleinen Schnecken.
Zeichne sie ein und bemale die Schneckenhäuser mit verschiedenen Mustern.

Mach die Wiese zu einem
Insektenparadies. Hier gibt es
Schmetterlinge und Raupen.
Zeichne sie ein.

Zeichne weitere Blumen. Dazu kannst du mehrere Schablonen kombinieren.

Der Ast ist ja ganz kahl! Zeichne Blätter daran, damit der Koala etwas zu fressen hat. Du kannst den Ast auch noch verlängern.

Dem kleinen Tiger fehlt noch der Kopf. Zeichne ihn mit der Schablone und male alles bunt aus.

Welche Tiere haben hier
ihre Spuren hinterlassen?
Führe den Weg fort.

Zeichne Bilder und Muster in die Kreise und gestalte so dein eigenes Mandala. Du kannst dafür auch die Schablone benutzen.

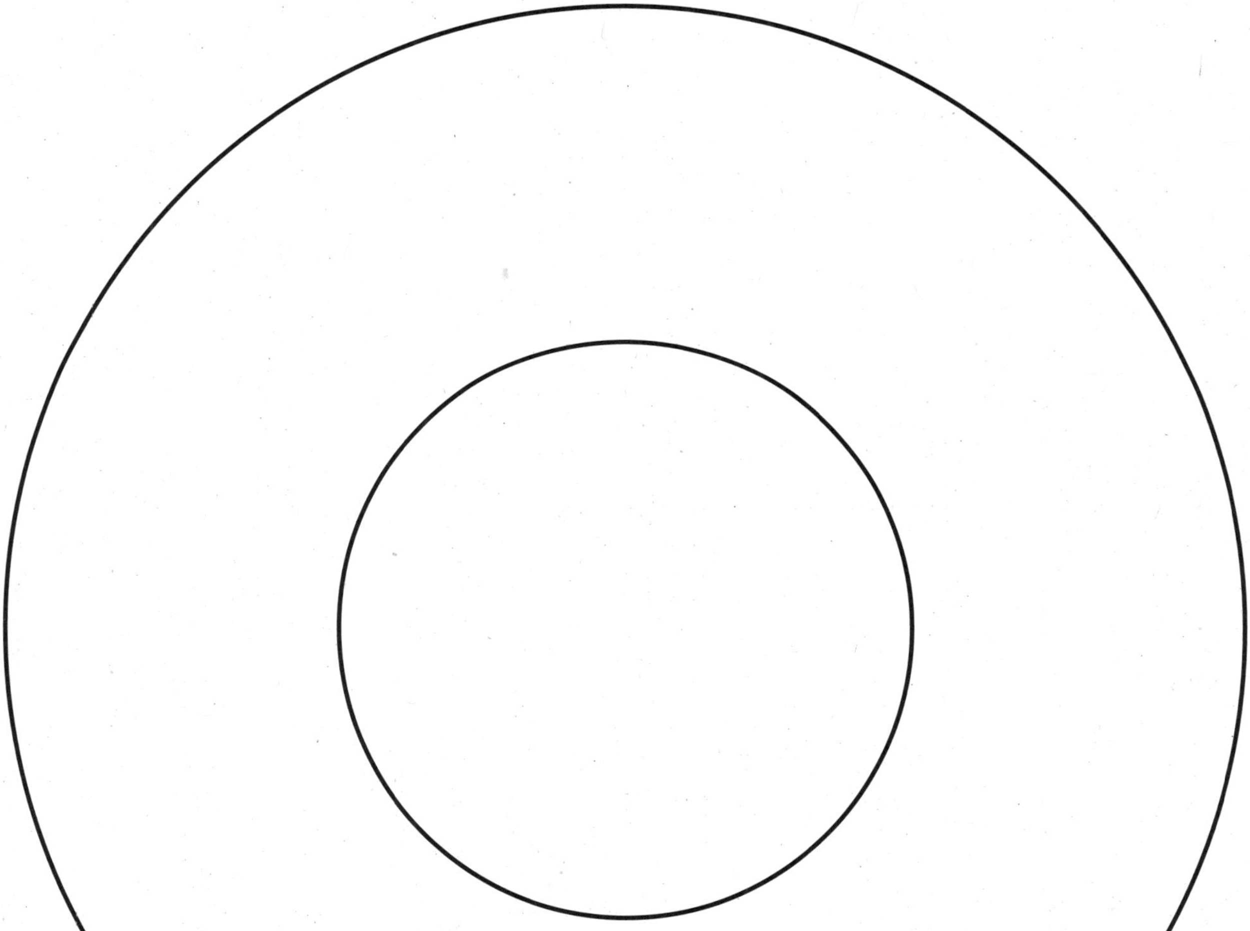

Ein Zebra ist noch nicht ganz fertig. Male ihm Streifen und zeichne noch ein paar Büsche in den Hintergrund.

Welches Tier schaut dich hier an? Zeichne das Gesicht zu Ende und male danach alles aus.

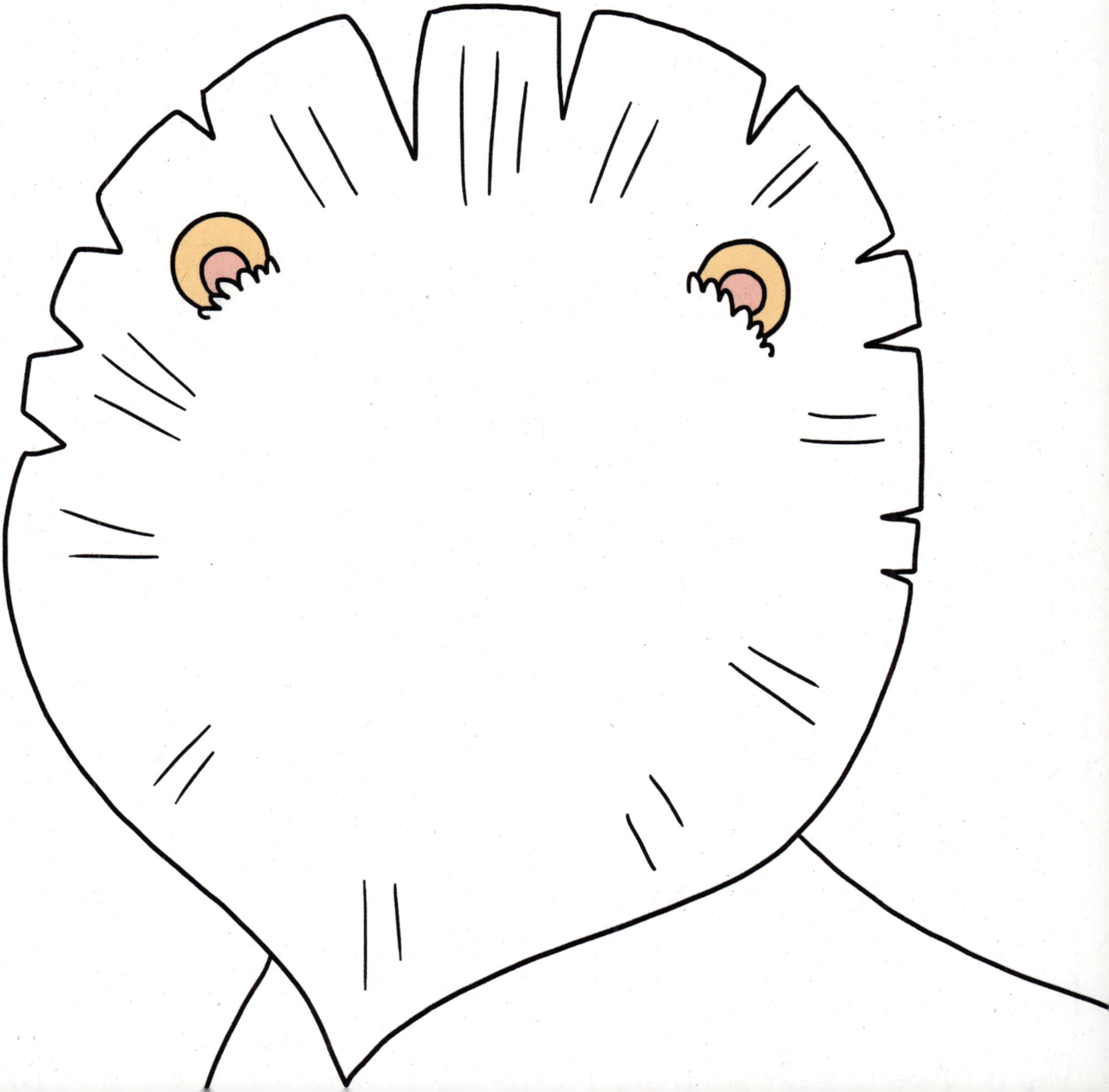

Male ein tolles Muster auf den Körper des Chamäleons
und passe ihn farblich an die Umgebung an.

Die Schlange fühlt sich im Dschungeldickicht wohl.
Zeichne mehr Blätter dazu und male ihr ein buntes Muster,

Eine Giraffe ist noch nicht ganz fertig. Zeichne ihr Muster ein.
Mit der Schablone kannst du auch den Hintergrund dazu zeichnen.

Was ist dein Lieblingstier? Zeichne es in das große Herz und mal es bunt aus.

pen2nature ist eine eingetragene Marke der VEMAG Verlags- und Medien AG

Redaktion: Lisa Kresse
Illustrationen: Angelika Scudamore
weitere Abbildungen: stock.adobe.com: © NoriOri_R_eorika (Fenster),
© lubashka (Bilderrahmen), © Olga Sh (Herz)

Umschlagmotive: stock.adobe.com: © natrot (Papier-Hintergrund),
restliche Abbildungen aus dem Innenteil
Gesamtherstellung: Good Life Books & Media GmbH
Designed in Deutschland. Gedruckt in der EU.

www.pen2nature.de